Hooshang

You are the
Paykán to my javánán

Pronunciation Guide©

Persian	English	Pronunciation
اَ	a	ant
آ	á	arm
ب	b	bat
د	d	dog
اِ	e	end
ف	f	fun
گ	g	go
ه	h	hat
ح	h	hat
ی	í	meet
ج	j	jet
ک	k	key
ل	l	love
م	m	me
ن	n	nap
اُ	o	on
پ	p	pat
ق	q/gh*	merci
ر	r	run
س	s	sun
ص	s	sun
ث	s	sun

Persian	English	Pronunciation
ت	t	top
ط	t	top
و	ú	moon
و	v	van
ی	y	yes
ذ	z	zoo
ز	z	zoo
ض	z	zoo
ظ	z	zoo
چ	ch	chair
غ	gh*	merci
خ	kh*	bach
ش	sh	share
ژ	zh	pleasure
ع	'	uh-oh†

*	: guttural sound from back of throat
†	: glottal stop, breathing pause
ّ	: Indicates a double letter
ً	: Indicates the letter n sound
لا	: Indicates combination of letter l & á (lá)
ای	: Indicates the long í sound (ee in meet)
ایـ	: Indicates the long í sound (ee in meet)
(...)	: Indicates colloquial use

The Persian A, B, D's
(because there is no C in Persian)

We want to simplify your Persian learning journey as it is such a unique & enigmatic language. There are 32 official Persian letters. The letters change form depending on their position in a word or when they appear separate from other letters. For example, the letter <u>gh</u>ayn غ has four ways of being written depending on where it appears in any given word:

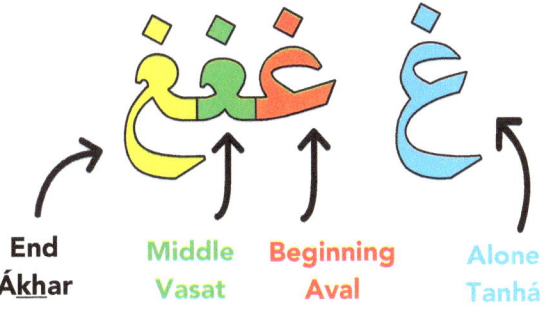

End
Á<u>kh</u>ar

Middle
Vasat

Beginning
Aval

Alone
Tanhá

It is important to note that Persian books are read from right to left (←). There are 7 separate/stand-alone letters that do not connect in the same way to adjacent letters (these will not be depicted in red). They are:

Stand alone
Tanhá vámístan

The short vowels a, e & o are usually omitted in literature and are depicted by markings above & below letters (ُ َ). They are not allocated a letter name, unlike their long vowel counterparts á: alef, í: ye & ú: váv (و ی آ).

keys

kelídhá

کِلیدها

í: as (ee) in m<u>ee</u>t
á: as (a) in <u>a</u>rm

car

máshín

ماشين

á: as (a) in arm
í: as (ee) in meet

race car

máshíne mosábeqeh
ماشینِ مُسابِقه

á: as (a) in arm
í: as (ee) in meet

convertible car

máshíne korúkí

ماشینِ کُروکی

á: as (a) in <u>a</u>rm
ú: as (oo) in m<u>oo</u>n
í: as (ee) in m<u>ee</u>t

ute

vánet

وانِت

á: as (a) in arm

bicycle

dorcharkheh

دوچَرِخه

í: as (ee) in m<u>ee</u>t
á: as (a) in <u>a</u>rm

motorbike

motor síklet

موتور سیکِلِت

í: as (ee) in m<u>ee</u>t
á: as (a) in <u>a</u>rm

school bus

útúbúse madreseh
أُتوبوسِ مَدرِسِه

í: as (ee) in m<u>ee</u>t
á: as (a) in <u>a</u>rm

petrol pump

pompe benzín

پُمپِ بِنزین

í: as (ee) in m<u>ee</u>t
á: as (a) in <u>a</u>rm

train

qatár
قَطار

á: as (a) in arm

rail

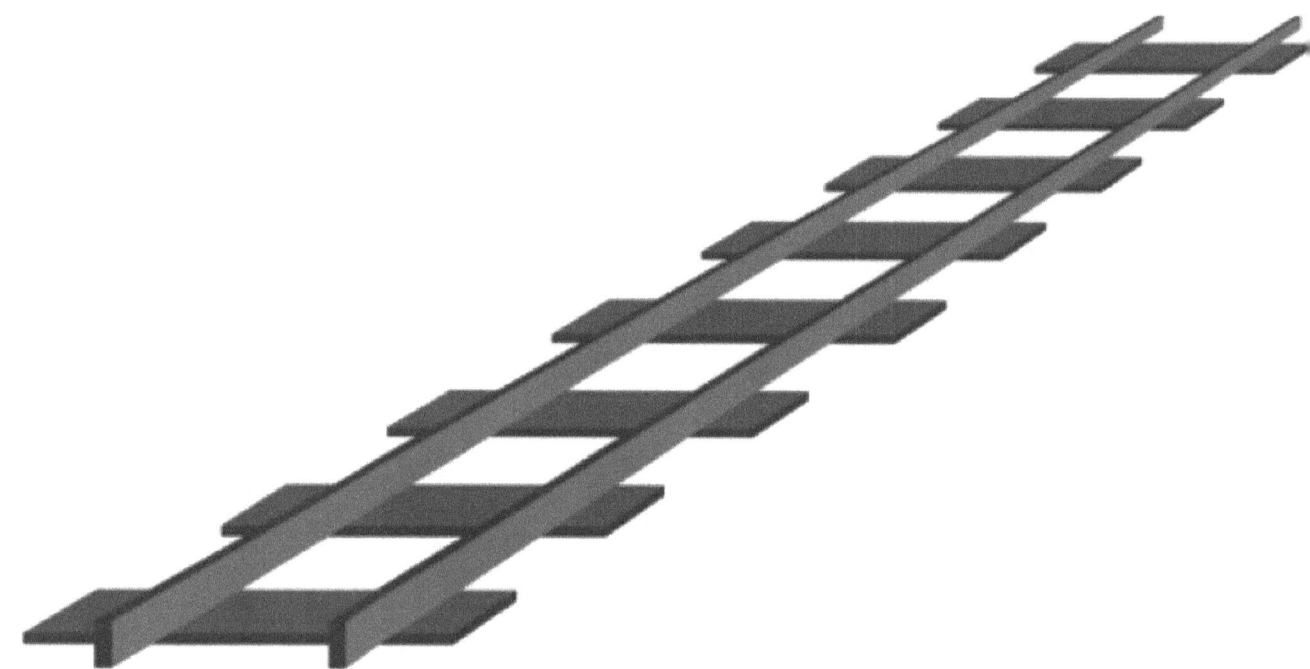

reyl

رِيل

sailboat

qáyeqe bádbání

قايقِ بادبانى

á: as (a) in arm
í: as (ee) in meet

boat

qáyeq
قایِق

á: as (a) in arm

emergency

orzháns

اورژانس

í: as (ee) in m<u>ee</u>t
á: as (a) in <u>a</u>rm

accident

tasádof

تَصادُف

á: as (a) in <u>a</u>rm

ambulance

ámbúláns

آمبولانس

á: as (a) in <u>a</u>rm
ú: as (oo) in m<u>oo</u>n

police car

máshíne polís

ماشینِ پُلیس

á: as (a) in arm
í: as (ee) in meet

fire engine

máshíne átashneshání
ماشینِ آتِش نِشانی

á: as (a) in <u>a</u>rm
í: as (ee) in m<u>ee</u>t

space

fazá
فَضا

á: as (a) in arm

Earth

Koreh zamín

í: as (ee) in m<u>ee</u>t
á: as (a) in <u>a</u>rm

rocket

mú<u>sh</u>ak
موشَک

ú: as (oo) in m<u>oo</u>n

star

setáreh

سِتارِه

á: as (a) in arm

moon

máh

ماه

á: as (a) in <u>a</u>rm

space shuttle

shátele fazáyí
شاتِل فَضایی

á: as (a) in arm
í: as (ee) in meet

spaceship

sefíneh fazáyí

سِفينِه فَضایی

á: as (a) in arm
í: as (ee) in meet

Sun

Khorshíd

خورشید

í: as (ee) in m<u>ee</u>t

planet

sayyáreh
سَیّارِه

á: as (a) in arm

airport

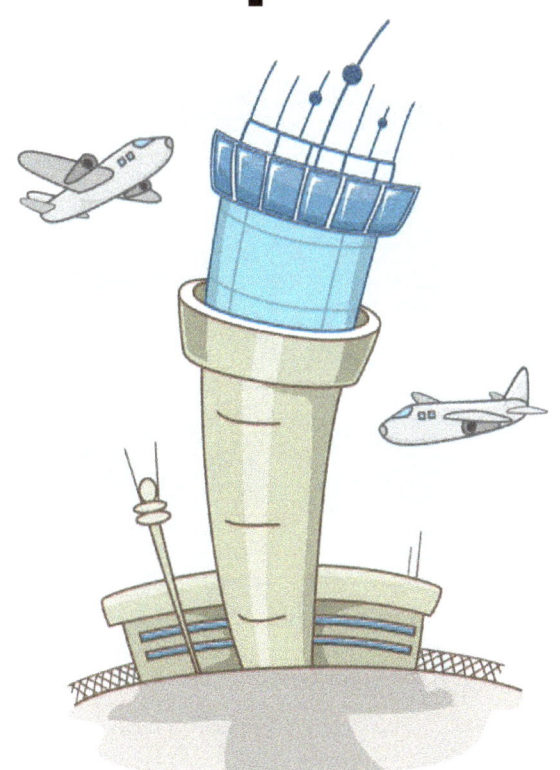

fúrúdgáh
فُرودگاه

ú: as (oo) in m<u>oo</u>n
á: as (a) in <u>a</u>rm

helicopter

helíkúpter

هِلیکوپِتر

í: as (ee) in m<u>ee</u>t
ú: as (oo) in m<u>oo</u>n

airplane

havápeymá
هواپیما

á: as (a) in arm

control tower

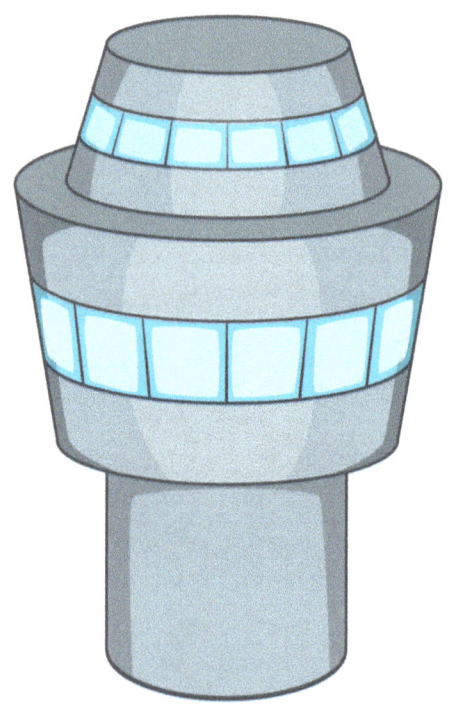

borje moráqebat

بُرج مُراقِبَت

á: as (a) in arm

construction

sákht va sáz

ساخت وَ ساز

á: as (a) in arm

cement truck

kámíúne símán

كاميون سيمان

á: as (a) in **a**rm
í: as (ee) in m**ee**t
ú: as (oo) in m**oo**n

truck

kámíún
كاميون

á: as (a) in <u>a</u>rm
í: as (ee) in m<u>ee</u>t

crane

jarsaqíl

جَر ثَقيل

í: as (ee) in m<u>ee</u>t

bulldozer

búldozer

بولدوزِر

í: as (ee) in m<u>ee</u>t
á: as (a) in <u>a</u>rm

loader

bár konandeh

بار کُنَندِه

á: as (a) in arm

excavator

bíle mekáníkí

بيلِ مِكانيكى

í: as (ee) in m<u>ee</u>t
á: as (a) in <u>a</u>rm

dump truck

kámíúne kompresí

کامیونِ کُمپِرِسی

á: as (a) in <u>a</u>rm
í: as (ee) in m<u>ee</u>t

backhoe

búldozer

بولدوزِر

ú: as (oo) in m<u>oo</u>n

forklift

líftrák

ليفتراك

í: as (ee) in m<u>ee</u>t
á: as (a) in <u>a</u>rm

tractor

teráktor

تِراكتور

á: as (a) in <u>a</u>rm

www.ingramcontent.com/pod-product-compliance
Lightning Source LLC
Chambersburg PA
CBHW061134010526
44107CB00068B/2941